AF393323

Band 19   Christian Mennerich
           **Phase-field modeling of multi-domain evolution in ferromagnetic
           shape memory alloys and of polycrystalline thin film growth.** 2013
           ISBN 978-3-7315-0009-4

Band 20   Spyridon Korres
           **On-Line Topographic Measurements of Lubricated Metallic Sliding
           Surfaces.** 2013
           ISBN 978-3-7315-0017-9

Band 21   Abhik Narayan Choudhury
           **Quantitative phase-field model for phase transformations in
           multi-component alloys.** 2013
           ISBN 978-3-7315-0020-9

Band 22   Oliver Ulrich
           **Isothermes und thermisch-mechanisches Ermüdungsverhalten von
           Verbundwerkstoffen mit Durchdringungsgefüge (Preform-MMCs).** 2013
           ISBN 978-3-7315-0024-7

Band 23   Sofie Burger
           **High Cycle Fatigue of Al and Cu Thin Films by a Novel High-Throughput
           Method.** 2013
           ISBN 978-3-7315-0025-4

Band 24   Michael Teutsch
           **Entwicklung von elektrochemisch abgeschiedenem LIGA-Ni-Al für
           Hochtemperatur-MEMS-Anwendungen.** 2013
           ISBN 978-3-7315-0026-1

Band 25   Wolfgang Rheinheimer
           Zur Grenzflächenanisotropie von SrTiO$_3$. 2013
           ISBN 978-3-7315-0027-8

LA GUERRA DE VIETNAM

Un trágico conflicto fratricida
en plena Guerra Fría

Por Mylène Théliol
Traducido por Laura Bernal Martín

Historia 50MINUTOS.es

LA GUERRA DE VIETNAM (1955-1975)

- **¿Cuándo?** Del 1 de noviembre de 1955 al 30 de abril de 1975.
- **¿Dónde?** En Vietnam.
- **¿Contexto?** Guerra ideológica y militar entre el Vietnam del Norte comunista (República Democrática de Vietnam) y el Vietnam del Sur nacionalista (República de Vietnam) con el apoyo de las fuerzas armadas estadounidenses. Tiene lugar tras el fin de la guerra de Indochina (1947-1954).
- **¿Beligerantes?** El ejército norvietnamita comunista y el Vietcong contra el ejército de Vietnam del Sur y el ejército estadounidense.
- **¿Actores principales?**
  - Ho Chi Minh (1890-1969), político vietnamita de obediencia comunista y padre de la nación de Vietnam del Norte. Es jefe del Gobierno de la República Democrática de Vietnam de 1945 a 1955.
  - Jean Baptiste Ngo Dinh Diem (1901-1963), po-

lítico vietnamita anticomunista y presidente
de la República de Vietnam de 1955 a 1963.
  ◦ Nguyen Van Thieu (1923-2001), general de los
    ejércitos de Vietnam del Sur y presidente de
    la República de Vietnam de 1967 a 1975.
  ◦ Lyndon Baines Johnson (1908-1973), político
    estadounidense y presidente de los Estados
    Unidos de 1961 a 1969.
- **¿Víctimas?**
  ◦ Entre los vietnamitas, 2 millones de perso-
    nas pierden la vida durante el conflicto, de
    los cuales 1,3 millones son soldados.
  ◦ En el bando estadounidense, mueren 60 000
    soldados.

Dentro del período de la Guerra Fría (1947-1991),
la guerra de Vietnam es el conflicto más largo y
trágico de la historia de Vietnam y de los Estados
Unidos.

En Vietnam, la desunión de dos territorios —el
norte y el sur— resultante de la lucha indochina
contra la Francia colonial entre 1947 y 1954 es el
punto de partida de un conflicto político y militar
que conduce a un profundo agotamiento de la
población vietnamita a lo largo de estos 20 años

de guerra. La intervención estadounidense, que comienza en 1964, no hace más que amplificar los resentimientos entre estos dos pueblos ideológicamente opuestos y traumatiza al conjunto de los vietnamitas. Los ataques y bombardeos desangran el país y le dejan impotente ante la inundación de desechos tóxicos que a día de hoy sigue amenazando la salud de sus habitantes.

La guerra de Vietnam tiene repercusiones sin precedentes en la política estadounidense, pero también entre la población del país, que es testigo del horror que puede engendrar una guerra a ultranza contra enemigos a veces indetectables o incluso imaginarios. Este conflicto permanece en la memoria de los veteranos estadounidenses como una catástrofe humana, y supone para el pueblo vietnamita una herida difícil de cerrar.

CONTEXTO

LA COLONIZACIÓN FRANCESA EN INDOCHINA

Vietnam es una colonia francesa de 1883 a 1954. El país está dividido en tres estados distintos —Tonkin, Cochinchina y Annam— y se integra en 1887 en la Unión Indochina, que también incluye a Laos y Camboya. La colonización francesa gestiona parcialmente el país y multiplica las plantaciones agrícolas de té, café, arroz, pimienta y árboles de caucho, además de explotar minerales como el carbón, el zinc y el estaño para beneficio de la metrópolis. La población autóctona no tiene los mismos derechos que las minorías europeas en el país. Aunque el régimen del indigenato y el sistema completo de aculturación no se implementan como en las colonias africanas, el pueblo vietnamita forma un proletariado heteróclito que trabaja en los arrozales, en las fábricas o en las minas.

¿Sabías que…?

El indigenato es una legislación regida por un código e introducida en las colonias francesas a partir de 1887. Distingue dos categorías de población: los ciudadanos franceses procedentes de la metrópolis y los franceses (africanos, argelinos, malgaches, antillanos, etc.). Estos últimos se ven privados de la mayoría de sus libertades y de sus derechos políticos. En el plano civil, tan solo conservan su estatus personal de origen religioso o consuetudinario. El régimen de indigenato somete a los colonizados y a los trabajadores inmigrantes a trabajos forzados, requisiciones, impuestos de capitación sobre las reservas y otras medidas discriminatorias.

Por su parte, el concepto de aculturación en las colonias se basa en el sistema de asimilación o de asociación: los pueblos indígenas están obligados a aprender la cultura de los colonos a través de escuelas seculares y religiosas. Las tradiciones son denigradas en favor de las costumbres occidentales. La Administración colonial, que impone un sistema y una forma de vida inspirados en

Los vietnamitas están sometidos a condiciones de trabajo duras, como deducciones salariales y castigos corporales bastante frecuentes. Esta opresión patronal favorece el nacimiento de un movimiento nacionalista y comunista, que nace en 1930 bajo la dirección de Nguyen Ai Quoc (1890-1969), el futuro Ho Chi Minh, creador del Partido Comunista Vietnamita.

| Ho Chi Minh en 1921.

Esta organización forma primero una sección del Partido Comunista de Francia. Más adelante, a partir de mayo de 1931, es reconocida como una sección de la Internacional Obrera y rebautizada como Partido Comunista Indochino (PCI). De este partido proceden las primeras protestas independentistas, que se acentúan en 1941 con la creación por parte de Ho Chi Minh del Viet Minh, una organización resultante de la fusión del Partido Comunista Indochino y de grupos nacionalistas. El Viet Minh sienta las bases de una resistencia primero antifrancesa y luego antijaponesa (ya que Indochina está ocupada por los japoneses entre marzo y septiembre de 1945).

Su movimiento se desarrolla esencialmente desde principios de 1945 gracias a la ayuda material de los estadounidenses, que deciden expulsar a Francia de Indochina tras las Conferencias de Yalta (4-11 de febrero de 1945) y Potsdam (17 de julio-2 de agosto de 1945). Sin embargo, una vez establecido el Gobierno provisional francés, tras la caída del régimen de Vichy y la liberación de Francia, la metrópolis vuelve a tomar el territorio indochino bajo el impulso del general Charles de Gaulle (1890-1970). Las tropas japonesas y británicas abandonan Indochina.

Sin embargo, el Viet Minh y otros grupos independentistas tratan de establecer su autoridad sobre el territorio vietnamita. Ho Chi Minh lanza un llamamiento a la insurrección general los días 13 y 19 de agosto de 1945. El partido toma posesión de todos los servicios públicos de Hanói. El 20 de agosto, todo Tonkin (Vietnam del Norte) está en manos de los comités revolucionarios. Tras los abusos cometidos contra ciudadanos franceses, Francia responde enviando tropas armadas. Sin embargo, las negociaciones con el Viet Minh desembocan en los Acuerdos del 6 de marzo de 1946, según los cuales Francia reconoce a Vietnam como un Estado libre pero no independiente. A pesar de la firma de los acuerdos, la metrópolis decide reanudar las hostilidades contra el Viet Minh y reapropiarse de Vietnam. A continuación se desata una guerra abierta entre Francia y Vietnam.

LA GUERRA DE INDOCHINA (1946-1954)

Tras la salida de los japoneses de Indochina, los franceses quieren apoderarse de sus colonias asiáticas y, en particular, de Vietnam, en este momento en manos de un Viet Minh que desea ver al país convertido en una república comunista independiente.

La guerra comienza con el bombardeo de Haiphong el 23 de noviembre de 1946. Los comunistas toman este gran puerto después de destruir varios barrios y, en represalia, el Viet Minh ejecuta a ciudadanos franceses el 19 de diciembre en Hanói. Este acto sirve para confirmar un conflicto ya latente entre, por un lado, el Viet Minh liderado por Ho Chi Minh y, por otro, las tropas coloniales francesas, que desean mantener la soberanía de la metrópolis en este territorio. La guerra durará ocho años.

Francia se enfrenta a los comunistas con un ejército moderno y disciplinado que, sin embargo, no logra repeler los ataques sorpresa y las tácticas guerrilleras de los vietnamitas. La guerra se intensifica con su internacionalización. China, que se convierte en un país comunista con la Revolución Roja liderada por Mao Zedong (1893-1976), presta asistencia militar a las fuerzas del Viet Minh. Por su parte, Francia obtiene ayuda de los Estados Unidos en 1950, cuando estalla la guerra de Corea (1950-1953). Este apoyo es principalmente aéreo y permite a Francia recuperar la ventaja sobre el terreno, al menos hasta 1951. A partir de esta fecha, el cambio de mando de las tropas francesas de Extremo Oriente y la condena del conflicto por parte de muchos intelectuales comunistas y socialistas franceses, que consideran la guerra demasiado costosa e intolerable, cambian el curso de la lucha.

A continuación, Francia se plantea centrar la atención del Viet Minh en un solo terreno. Con este objetivo, la Operación Castor confía en la toma de Dien Bien Phu, una ciudad cercana a las fronteras laosiana y china. La ciudad, ubicada en una cuenca, ofrece a las fuerzas terrestres y aéreas oportunidades para maniobrar. Los franceses, que quieren que las fuerzas vietnamitas se queden atrapadas entre dos fuegos, caen en su propia trampa y son los ejércitos coloniales los que se ven acorralados. Después de varios meses de lucha (entre marzo y mayo de 1954), las tropas francesas capitulan el 7 de mayo. Dien Bien Phu ha sido un amargo fracaso. A continuación, el Gobierno francés abre negociaciones y se firman acuerdos de paz los días 20 y 21 de julio de 1954 en Ginebra. Estos tratados avalan la independencia de Laos, Camboya y la división de Vietnam.

La batalla de Dien Bien Phu pone fin a la Indochina francesa, situación que entra en vigor con los Acuerdos de Ginebra del 21 de julio de 1954. Estos últimos prevén la separación de Vietnam en dos zonas distintas a cada lado del paralelo 17, unas elecciones que se celebrarán en todos los estados de Indochina antes de julio de 1956, la evacuación de las tropas francesas en un plazo de trescientos días y la retirada del Viet Minh de Camboya y Laos. Los vietnamitas deben elegir entre el norte y el sur.

Vietnam del Norte se convierte en una república democrática socialista liderada por Ho Chi Minh, que es nombrado presidente. Este último quiere unificar el país bajo su égida y reanudar así la lucha armada para poder controlar el sur del país y salvar a los entre 10 000 y 15 000 dirigentes comunistas que allí residen.

Vietnam del Sur es gobernado por Ngo Dinh Diem (1901-1963), que instaura una dictadura anticomunista y nacionalista a partir de 1956, rechazando así los Acuerdos de Ginebra que preveían la institución de elecciones libres en el país. Recibe apoyo económico y militar de los Estados Unidos.

Ante la política imperialista y proestadounidense de Ngo Dinh Diem surgen oponentes, entre los que se encuentra el Frente de Liberación Nacional de Vietnam del Sur (creado en diciembre de 1960), que reagrupa a católicos, budistas y comunistas. Está dirigido por Nguyen Huu Tho (1910-1996). El Frente de Liberación Nacional (FLN) tiene su propio ejército, compuesto principalmente por soldados del sur y del norte del país y por campesinos con formación armamentística. Estas tropas armadas son conocidas como el «Vietcong» por sus enemigos, que no son otros que el ejército regular de Vietnam del Sur y las tropas estadounidenses.

En 1955, el FLN decide derrocar al dictador, ayudado por Vietnam del Norte, la China comunista de Mao y la URSS. El enfrentamiento entre el Vietcong y las tropas de Ngo Dinh Diem provoca, mediante el juego de alianzas con los Estados Unidos, la instauración de una guerra latente y desprovista de nombre, que más tarde se conocerá como la guerra de Vietnam. Esta dura veinte años y, aunque en 1975 Vietnam recupera su unidad territorial, su resultado es desastroso para el país.

ACTORES PRINCIPALES

HO CHI MINH

Ho Chi Minh c. 1946.

El joven Nguyen Sinh Cung, de padre mandarín, nace en la Indochina francesa en un entorno cultural rico y asiste a escuelas francesas y anamitas. A los diez años adopta el nombre de Nguyen Tat Thanh, que significa «Nguyen grandes esperanzas». Se muestra receptivo a las tesis de los reformistas, que creen en la mejora progresiva de Indochina bajo los auspicios franceses, y reflexiona sobre la situación política de su país.

Después de haber realizado numerosos viajes alrededor del mundo como marinero, se establece en París en 1919 y forma una red de reflexión sobre la cuestión colonial en la que comienza a sentirse la influencia del pensamiento comunista. Participa en la redacción de un periódico, *Le Paria*, dedicado a las reivindicaciones de las poblaciones colonizadas. Entonces adopta el nombre de Nguyen Ai Quoc, o «Nguyen el patriota».

En 1923 deja Francia para acudir a Moscú. Convertido a las tesis marxista-leninistas, trabaja para la Tercera Internacional, donde recibe su primera formación política. En 1925, mientras está en una misión para el Komintern en Cantón, Nguyen Ai Quoc funda una escuela en la que forma a jóvenes revolucionarios vietnamitas para que organicen células activas en su país. Es amenazado con ser arrestado, por lo que huye a Hong Kong, donde crea el Partido Comunista de Vietnam en 1930, que se convierte en el Partido Comunista Indochino (PCI) al año siguiente.

Entre 1933 y 1938 trabaja en Moscú, donde el Komintern lo mantiene alejado. Sobrevive sin problemas a las primeras grandes purgas estalinistas y a continuación regresa a China, desde donde vuelve a Indochina en 1941. Se instala en el norte del país y, alojado en una cueva, experimenta la dureza de la vida del maquis. Mientras la influencia de los comunistas en Vietnam crece, escribe mucho y funda el Viet Minh con los nacionalistas. Entonces adopta el nombre de Ho Chi Minh, que significa «el que ilumina».

Después de haber intentado contactar con las fuerzas estadounidenses en China, es encarcelado y trasladado de prisión en prisión durante dos años. Una vez liberado, se dirige al ejército estadounidense, que colabora con él en el marco de la resistencia contra los japoneses.

En agosto de 1945, mientras Japón se desmorona,

el Viet Minh se hace con el poder en Vietnam. El 2 de septiembre, Ho Chi Minh proclama la independencia de su país en Hanói, ante una multitud entusiasta. Pero esta alegría dura poco: al final, el Viet Minh tan solo controla una mitad del país, y Francia quiere recuperar su poder sobre su antigua colonia. De 1945 a 1954, la primera guerra de Indochina sacude el país. Los Acuerdos de Ginebra ponen fin al conflicto, dando a los comunistas una victoria parcial: el país está escindido en dos y, mientras Ho Chi Minh preside en el norte la República Democrática de Vietnam, se forma un régimen opositor en Vietnam del Sur.

Ho Chi Minh muere el 2 de septiembre de 1969. En ese momento, la segunda guerra de Indochina (1964-1975), más comúnmente conocida como la guerra de Vietnam y que enfrenta a Vietnam del Norte —apoyado por la URSS y por China— y a Vietnam del Sur —aliado de los Estados Unidos— lleva cinco años devastando el país. La guerra no terminará hasta seis años después de su desaparición y conducirá directamente a la unificación del país.

Desde entonces, se ha creado un verdadero culto a la figura de un hombre cuya imagen ha sido adoptada por el comunismo nacional. El cuerpo de aquel al que consideran padre de la nación se encuentra expuesto en un fastuoso mausoleo en Hanói, mientras que la antigua capital de Vietnam del Sur, Saigón, ha sido rebautizada como Ciudad Ho Chi Minh.

JEAN BAPTISTE NGO DINH DIEM

| Jean Baptiste Ngo Dinh Diem en 1957.

Jean Baptiste Ngo Dinh Diem es hijo de un mandarín (es decir, un funcionario público del Imperio chino) católico. Él mismo es mandarín bajo el mando del emperador Bao Dai (1913-1997) durante el período de entreguerras, para después ser nombrado ministro del Interior en 1933. Lidera una comisión encargada de reformar el país, pero dimite tres meses después de haber tomado posesión del cargo, ya que Francia rechaza sus propuestas de reformas legislativas. En esa época, llega incluso a acusar al emperador de ser el instrumento de la política colonial francesa.

Es anticomunista y prefiere exiliarse en 1945 a los Estados Unidos antes que unirse al nuevo Gobierno comunista de Ho Chi Minh en el seno de la República Democrática de Vietnam. Sin embargo, justo después de los Acuerdos de Ginebra en 1954, el emperador Bao Dai lo llama para formar un nuevo Gobierno en Vietnam del Sur.

Al principio, parece que Ngo Dinh Diem respeta los Acuerdos de Ginebra cuando organiza un referéndum, que en realidad está amañado y que le permite apartar al emperador y hacerse con el poder. Crea la República de Vietnam, que convierte en un régimen autoritario. Dirige su Estado con su clan familiar, que coloca en todos los niveles de la vida política. Quiere mantener en el país la tradición católica, oponiéndose así a las tradiciones chinas, budistas y comunistas.

Estas reformas suscitan una fuerte oposición en el país. Los partidos budistas y comunistas unen sus fuerzas para crear el Frente de Liberación Nacional de Vietnam del Sur. Los generales de Ngo Dinh Diem intentan en varias ocasiones derrocarlo y colocar a un nuevo dirigente a la cabeza del país. Sin embargo, en ese momento el presidente recibe el apoyo de los Estados Unidos, que lo ven como un serio oponente a Ho Chi Minh. Esta alianza permite frenar la expansión comunista en el país, lo que responde a la política de contención comunista emitida por la doctrina Truman de 1947.

La impopularidad de Diem llega a su punto álgido con la revuelta budista y la inmolación pública a lo bonzo de Thich Quang Duc (1893-1963) en junio de 1963, como respuesta a la represión antibudista llevada a cabo por el Gobierno.

| Inmolación del monje budista Thich Quang Duc, en junio de 1963.

Las tensiones se intensifican durante el verano de 1963. Los generales del presidente deciden sublevarse de nuevo y derrocar al líder. La rebelión es organizada por la CIA y dirigida por el general Duong Van Minh (1916-2001) el 2 de noviembre de 1963. Ngo Dinh Diem y su hermano son ejecutados. Tras un segundo golpe de Estado en 1965, la República de Vietnam del Sur pasa a manos de Nguyen Van Thieu.

NGUYEN VAN THIEU

| Nguyen Van Thieu en 1967.

Nguyen Van Thieu, hijo de un terrateniente, estudia en Saigón y luego en un seminario en Francia.

Durante la Segunda Guerra Mundial, trabaja en la granja familiar. Después de 1945, se une a las fuerzas nacionalistas y comunistas del Viet Minh lideradas por Ho Chi Minh. Pero muy rápidamente, al no aceptar más los abusos cometidos por los comunistas, ingresa en la Academia de la Marina Mercante francesa entre 1946 y 1947. Más adelante, el 1 de octubre de 1948, es admitido en la Academia Militar de Hue.

Después, en junio de 1949, se une al Ejército Nacional de Vietnam para luchar contra el Viet Minh durante la guerra de Indochina. Obtiene sucesivamente el rango de teniente (1949), capitán (1952) y, en 1954, comandante de la 11.ª División de Infantería.

Tras los Acuerdos de Ginebra y el establecimiento de la República de Vietnam del Sur, Nguyen Van Thieu continúa sus estudios militares en la Escuela Militar de Dalat, la antigua Academia Militar de Hue. Es ascendido a coronel en 1959 y estudia dos años en la base militar de Fort Bliss, en Texas. En 1960 se convierte al catolicismo.

De regreso en Vietnam del Sur, dirige varias divisiones de infantería entre 1961 y 1962. Participa en el golpe de Estado del 2 de noviembre de 1963 con el que se derroca al presidente Ngo Dinh Diem. Entre 1964 y 1965 participa en los distintos Gobiernos que se suceden a la cabeza del Estado. Los días 19 y 20 de febrero de 1965, un golpe de Estado provocado por los generales depone al general Nguyen Khanh (1927-2013), jefe de Estado de Vietnam del Sur desde 1964.

Después de esta revuelta, Nguyen Van Thieu se encuentra al frente de la junta militar que gobierna la República de Vietnam. Se convierte en su presidente en 1967, en plena guerra de Vietnam. Vuelve a centrar el poder sobre sí mismo y limita el de la Asamblea Nacional. Implementa reformas agrarias para mejorar la vida de los agricultores y aumentar el rendimiento de los cultivos de arroz. Apoyado por los Estados Unidos, lidera la lucha contra el Vietcong junto con los estadounidenses para reprimir el comunismo en Vietnam del Sur.

En 1971 es reelegido presidente. Firma los Acuerdos de París en 1973, que obligan a los ejércitos estadounidenses a retirarse progresivamente de Vietnam. Estos últimos abandonan finalmente el país en 1975, dejando al ejército de Vietnam del Sur solo para luchar contra el

Vietcong y el ejército comunista de Vietnam del Norte.

Entonces, los comunistas conquistan rápidamente Vietnam. Los pueblos del sur huyen desesperadamente del nuevo régimen a los Estados Unidos y a Europa. Nguyen Van Thieu se ve obligado a dimitir el 21 de abril de 1975 y se exilia en los Estados Unidos hasta el final de su vida.

LYNDON BAINES JOHNSON

| Lyndon Baines Johnson en 1969.

Lyndon Baines Johnson, hijo de un diputado de Texas, está predestinado a convertirse en político. Es primero profesor, pero enseguida deja el cargo para dedicarse a la política. Entre 1935 y 1937 dirige una agencia gubernamental encargada de asuntos juveniles. Es elegido diputado demócrata por Texas en 1937 y ocupa un escaño en el Parlamento hasta 1949. En ese momento, es ascendido a senador, cargo que ocupa hasta 1961. Luego se hace amigo íntimo del nuevo presidente de los Estados Unidos, John F. Kennedy (1917-1963) después de su investidura en 1960.

En agosto de 1963, aunque se ve afectado por un escándalo de corrupción y malversación financiera, decide presentarse a la presidencia de los Estados Unidos tras el asesinato de su predecesor. Lo consigue y se instala en la Casa Blanca en enero de 1964.

Bajo su mandato, los Estados Unidos entran directamente en guerra junto a las fuerzas armadas de Vietnam del Sur contra los insurgentes comunistas. Al tiempo que Lyndon Johnson participa en la guerra de Vietnam, también lucha contra todas las formas de discriminación racial con el establecimiento en el primer año de su mandato de la «Great Society», un programa que promueve la protección del medio ambiente, la ayuda a la educación, la renovación urbana, la prevención del crimen y la delincuencia, la mejora del sistema de salud y la extensión de los derechos cívicos a todos los ciudadanos estadounidenses, especialmente a los negros.

Pero Johnson enfrenta tensiones nacionales contra la guerra de Vietnam, cuyo coste financiero pasa de 103 millones de dólares en 1965 a 20 000 millones de dólares en 1967. El año 1968 es desastroso para el presidente, que ve cómo el ánimo del país se enciende tras la ofensiva del Tet (enero de 1968). Este ataque, dirigido por el Vietcong y por el Ejército Popular de Vietnam, aunque finalmente es repelido, coge a los estadounidenses por sorpresa y conmociona a la opinión pública del país, que adopta una postura global contra la guerra. A esto se suman los asesinatos de Martin Luther King (1929-1968) y Robert Kennedy (1925-1968), hermano de John F. Kennedy.

Los sueños de una sociedad igualitaria en los Estados Unidos y la victoria de los marines sobre el suelo asiático están destrozados. Lyndon Johnson decide limitar las intervenciones armadas estadounidenses en Vietnam e inicia conversaciones con Vietnam del Norte. Al final de su mandato en 1970, se retira a su rancho de Texas, donde muere tres años después.

ANÁLISIS DE LA GUERRA

UN CONFLICTO ENTRE EL EJÉRCITO SURVIETNAMITA Y EL VIETCONG (1955-1964)

A partir de 1955, el régimen anticomunista instaurado por Ngo Dinh Diem desea modernizar el país a través de reformas. Pero las que afectan a la economía no se aplican, mientras que las reformas sociales limitan las libertades individuales e impiden cualquier agrupación política y pública hostil al poder establecido.

Estos obstáculos no hacen más que reforzar el sentimiento de cólera contra Diem, que practica una política que favorece a la minoría católica y a su clan familiar. La resistencia se instala. El Viet Minh y los budistas, sobre todo, que se oponen firmemente al régimen, quieren derrocar a Diem y favorecer la unificación del país bajo la bandera roja.

Al principio, el Gobierno decide eliminar del territorio a los seguidores del Viet Minh para acabar con la revuelta contra el régimen. Por eso el ejército lleva a cabo una ofensiva permanente contra todos aquellos sospechosos de pertenecer al movimiento comunista y de estar en contacto con Vietnam del Norte. Algunas familias campesinas en el delta del Mekong ayudan a los insurgentes. A partir de 1958, la táctica de estos últimos consiste en fragilizar el Gobierno de Diem a través del secuestro y el asesinato de altos cargos.

Los partidarios de esta rebelión, estimados en 2500 a principios de 1959, ascienden a 12 000 hombres en 1960. Esta afluencia de resistentes se explica por la política de reubicación de los campesinos del delta del Mekong en nuevos núcleos en construcción, las «agrociudades». Esta política permite separar a los rebeldes del apoyo campesino, vigilar a la población local y llevar a cabo la reforma agraria, que en última instancia no se aplica.

Para ayudar militarmente a los insurgentes de Vietnam del Sur, el Gobierno de Vietnam del Norte ordena a sus soldados crear una ruta de suministro a la región. Este camino está en el origen de la carretera Ho Chi Minh. Los primeros convoyes llegan a Vietnam del Sur en agosto de 1959. Estos últimos se duplican en otoño del mismo año gracias a los suministros marítimos. Esta ayuda fomenta la unificación de los diversos partidarios anti-Diem bajo la bandera del Frente de Liberación Nacional de Vietnam del Sur.

Este último se crea en diciembre de 1960 en la provincia de Tay Ninh y reagrupa a muchos miembros procedentes de todas las clases sociales y regiones de Vietnam del Sur. Su presidente es Nguyen Huu Tho, un abogado formado por la Administración colonial que lucha en las filas independentistas durante la guerra de Indochina. Aunque no pertenece al Viet Mihn, es un feroz oponente de Ngo Dinh Diem. Las fuerzas del FLN crecen con rapidez: en 1962, la organización cuenta con entre 20 y 25 000 hombres movilizados en tropas regulares y con 80 000 simpatizantes.

Desde 1961 en adelante, el presidente de los Estados Unidos John F. Kennedy brinda un apoyo estratégico y logístico al ejército de Vietnam del Sur, atacado por el FLN.

La intervención armada de los Estados Unidos (1964-1968)

La caída de Diem, provocada por un golpe de Estado de sus generales, sumerge a Vietnam del Sur en una inestabilidad gubernamental hasta la llegada de Nguyen Van Thieu como presidente de la República en 1967. Los Estados Unidos, conscientes de los problemas gubernamentales de Saigón, se comprometen desde 1964 a intervenir militarmente en el terreno para frenar las ambiciones de Vietnam del Norte y del Vietcong.

Inicialmente, se trata de campañas clandestinas para presionar al Gobierno de Hanói. El Plan de Operaciones (OPLAN 34A) organiza incursiones armadas en las fronteras de Vietnam del Norte y Laos para garantizar las de Vietnam del Sur. Estas operaciones no intimidan a Vietnam del Norte, al contrario: está decidido a resistir a los ataques estadounidenses.

El 2 de agosto de 1964 estalla el incidente del golfo de Tonkin: algunos comandos del OPLAN 34A bombardean dos islas frente a la costa de Vietnam del Norte. En represalia, un destructor estadounidense, el USS Maddox, que lleva a cabo una misión ultrasecreta para grabar señales de radio y radar norvietnamitas en el golfo de Tonkin, es atacado por lanzadores de torpedos de Vietnam del Norte. Este incidente lleva a los Estados Unidos a declarar una guerra abierta contra el gobierno de Hanói: el 7 de agosto de 1964, el Congreso de los Estados Unidos adopta la Resolución del Golfo de Tonkin, que autoriza al presidente de los Estados Unidos a utilizar la fuerza armada en el Sudeste Asiático.

La Operación Trueno Rodante se activa en 1964. El objetivo es bombardear Vietnam del Norte y reforzar las bases estadounidenses en Vietnam del Sur con el desembarco de 3500 marines.

| Bombardeo estadounidense contra una base del Vietcong al sur de Saigón, 1965.

Hasta 1969, el número de efectivos militares no deja de aumentar constantemente, pasando de 184 300 soldados en 1965 a 543 000 en 1969.

La estrategia militar estadounidense consiste en librar una guerra de desgaste. El programa CORDS (siglas en inglés de «Apoyo al Desarrollo

Revolucionario y Operaciones Civiles»), creado en 1964 e intensificado en 1967, es un programa para pacificar a la población de Vietnam del Sur multiplicando las iniciativas en los ámbitos de la alimentación, la medicina, la educación y los suministros de materiales.

Paralelamente a estas intervenciones humanitarias, los soldados llevan a cabo feroces incursiones en territorio survietnamita con el fin de localizar a los simpatizantes del FLN que encuentran ayuda y refugio entre la población campesina. En las zonas menos pobladas, incluidas las zonas forestales, los vietnamitas no identificados se consideran enemigos a los que destruir.

Las tropas del FLN, apoyadas por la República Democrática de Vietnam, China y la URSS, que les suministran armas y alimentos, lideran el conflicto adoptando tácticas guerrilleras. Los breves ataques sorpresa van seguidos de repliegues y siempre están acompañados por una propaganda entre la población local para alistar nuevos combatientes que luchen por la causa. Los miembros del FLN se esconden en bases subterráneas situadas en áreas de difícil acceso, como la selva tropical.

Por lo tanto, los marines están obligados a utilizar grandes medios para desalojarlos. Para facilitar su desplazamiento, utilizan helicópteros, que son más fáciles de maniobrar en estos territorios inhóspitos. Se realizan bombardeos con defoliantes químicos altamente tóxicos sobre todo el manto vegetal para reducirlo y matar de hambre al adversario.

| Un helicóptero expulsa defoliantes en el delta del Mekong, en Vietnam, en julio de 1969.

El empleo de productos químicos tiene efectos desastrosos en la ecología del país y en la salud de los vietnamitas tanto del sur como del norte. Además, también tiene consecuencias nefastas para los soldados estadounidenses y para los países limítrofes, como Laos y Camboya.

Todas estas maniobras no impiden la resistencia del FLN, que sorprende a los Estados Unidos el 30 de enero de 1968 con la ofensiva del Tet. Son 80 000 los soldados comunistas que atacan más de 100 ciudades de Vietnam del Sur. Saigón es el punto central de la ofensiva, y los principales objetivos de los comunistas son:

- los cuarteles generales del mando del Ejército de la República de Vietnam;
- el palacio de la Independencia;
- la embajada estadounidense;
- la base naval del Long Binh;
- la estación de radio nacional.

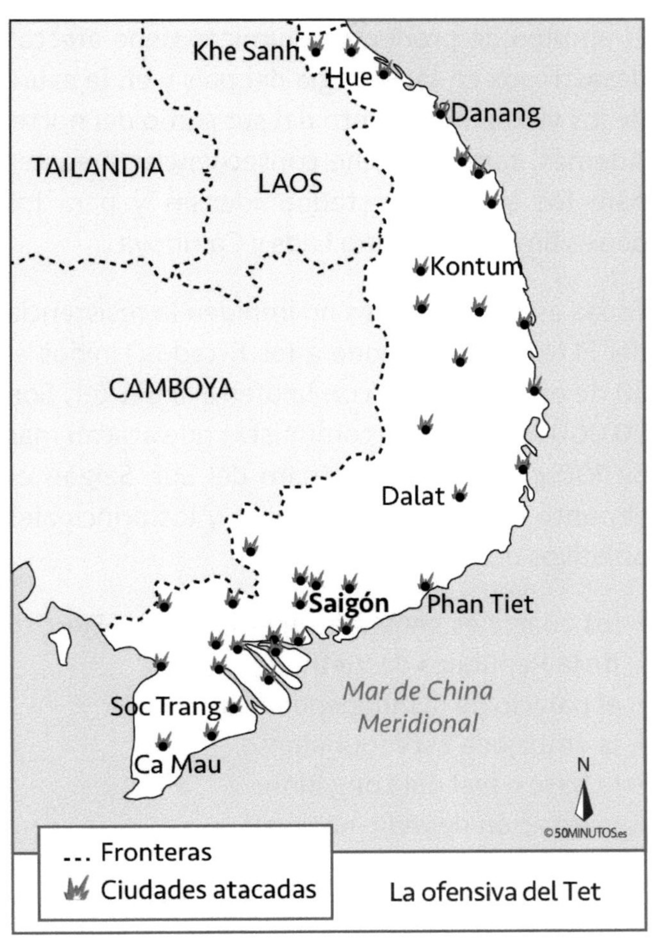

Esta ofensiva generalizada no se acaba hasta pasados 77 días. Saigón es liberado a mediados de febrero. El ataque debilita gravemente al Vietcong, que pierde en él a gran parte de sus tropas, pero Vietnam del Norte no cede y afirma su poder y su oposición a las fuerzas armadas estadounidenses. Este ataque sacude al Gobierno de los Estados Unidos, ya debilitado por los opositores a la guerra, como los *hippies* y los estudiantes. Parte de la población estadounidense critica fuertemente el llamamiento a nuevos soldados para luchar en territorio survietnamita.

¿SABÍAS QUE...?

La guerra de Vietnam, ampliamente difundida por los medios de comunicación, especialmente con el envío al terreno de numerosos reporteros y periodistas durante los combates, es fuertemente criticada desde el principio por los intelectuales, y más adelante por una gran parte de la población, en particular por los estudiantes y el movimiento *hippie*.

Esta guerra no se salda con una victoria rápida y absoluta, como esperaba Washington. El presidente estadounidense Lyndon Johnson cambia de estrategia. Decide renunciar a un nuevo mandato y detener incondicionalmente los bombardeos en Vietnam del Norte (mayo de 1968). Las negociaciones preliminares conducen a la apertura oficial de la Conferencia de París (enero de 1969).

LA RETIRADA PROGRESIVA DE LOS ESTADOUNIDENSES (1969-1975)

La Conferencia de París se inaugura en enero de 1969 con el objetivo de poner fin a la guerra de Vietnam. Los principales protagonistas son los Estados Unidos, Vietnam del Sur, Vietnam del Norte y el Vietcong —cuyo nombre oficial, el Frente de Liberación Nacional (FLN), se abandona en junio de 1969 y es sustituido por el de Gobierno Revolucionario Provisional (GRP). La primera fase de esta conferencia pretende que se reconozca un nuevo Gobierno en Vietnam del Sur que no esté bajo influencia ni comunista ni estadounidense.

Las negociaciones fracasan en diciembre de 1972, fecha en la que los estadounidenses vuelven a bombardear Vietnam. Sin embargo, se reanudan poco después y concluyen el 27 de enero de 1973 con un acuerdo de alto el fuego que prevé la retirada de las fuerzas estadounidenses en un plazo de dos meses. El pueblo survietnamita debe decidir su propio destino a través de elecciones libres organizadas por las tres fuerzas políticas del país y avaladas por varios Estados extranjeros, entre ellos China, la URSS, Gran Bretaña y Francia.

A partir de enero de 1973, las tropas estadounidenses se retiran gradualmente de Vietnam del Sur. En marzo, los últimos soldados y cientos de prisioneros estadounidenses son repatriados a los Estados Unidos. Pero los Acuerdos de París nunca se aplican realmente: el presidente Nguyen Van Thieu se niega a reconocer el GRP y sigue considerando la posibilidad de luchar contra Vietnam del Norte, que responde a esta provocación por la fuerza.

En octubre de 1974, Hanói considera oficialmente nulos los Acuerdos de París y se prepara para la ofensiva, porque las condiciones son favorables: el ejército de Vietnam del Sur se encuentra muy debilitado y las poblaciones están agotadas por esta guerra interminable. En cuanto a los Estados Unidos, reducen su asistencia logística como resultado de las protestas nacionales e internacionales.

En marzo de 1975, el Ejército Popular Vietnamita (ejército de Vietnam del Norte) lanza un nuevo ataque contra Vietnam del Sur. Las ciudades de Quang Tri, Hue y Danang son abandonadas casi sin resistencia. Nguyen Van Thieu deja el poder el 21 de abril de 1975. Los tanques norvietnamitas ponen fin a los intentos de negociación entrando en Saigón el 30 de abril de 1975, fecha que marca el fin de la guerra de Vietnam. Entonces, el GRP se hace con el poder en Vietnam del Sur durante un período de transición que culmina con la creación de un nuevo Estado reunificado, la República Socialista de Vietnam, el 2 de julio de 1976.

Sin embargo, una gran parte de la población survietnamita huye del nuevo Gobierno y parte al exilio a los Estados Unidos y a Europa.

| Refugiados survietnamitas en abril de 1975.

REPERCUSIONES DE LA GUERRA

UN LARGO RECONOCIMIENTO DEL PAÍS (1976-2000)

El 2 de julio de 1976, Vietnam se reunifica oficialmente y Hanói proclama el establecimiento de la República Socialista bajo la presidencia suprema de Ton Duc Thang (1888-1980), expresidente de la República Democrática (Vietnam del Norte), mientras que Pham Van Dong (1906-2000) se convierte en jefe de Gobierno. La constitución adoptada es la del antiguo Vietnam del Norte.

Enseguida se ponen en evidencia los problemas económicos, incluida la necesidad de efectuar importantes transferencias de población —que comenzarán en enero de 1977— para reestructurar el trabajo. Se firman contratos de cooperación o de ayuda con diversos países occidentales, especialmente con Francia.

A partir de 1975 se desarrollan tensiones políticas

entre Hanói y una Camboya dominada por los Jemeres Rojos (comunistas de Camboya). Estos últimos acusan a Vietnam de querer controlarlos y piden ayuda a China para recuperar territorios vietnamitas. Las disputas territoriales entre los dos países desembocan el 25 de diciembre de 1978 en una ofensiva militar vietnamita en Camboya que pone fin a la dominación de los Jemeres Rojos y lleva a Vietnam a la hegemonía en el Sudeste Asiático.

Esta preponderancia de Vietnam, aliado desde junio de 1978 con la URSS, es motivo de gran preocupación para China, que ataca el país el 17 de febrero de 1979. Después de duros combates, las tropas chinas deben retirarse y se abren negociaciones de paz. Sin embargo, la guerra todavía se lleva a cabo en secreto, ya que China arma a los Jemeres Rojos presentes en la región hasta 1991. A pesar de esta amenaza, el poder político vietnamita se refuerza. En diciembre de 1999 se firman en Pekín acuerdos por la paz y asignaciones territoriales.

Después de 1991, Vietnam se acerca a los países de la ASEAN (Asociación de Naciones del Sudeste Asiático). Entonces, el comercio y la inversión se desarrollan con gran rapidez. En julio de 1992, firma el Tratado de Amistad y Cooperación de la ASEAN y se convierte en su séptimo miembro en julio de 1995.

Hay que esperar hasta julio de 2000 para que Vietnam y los Estados Unidos firmen un acuerdo para normalizar sus relaciones económicas, para la satisfacción de Hanói, que ve cómo se allana el camino hacia la Organización Mundial del Comercio (OMC). En noviembre del mismo año, Bill Clinton (nacido en 1946) es el primer presidente estadounidense que visita Vietnam. En 2002, los Estados Unidos se convierten en el principal socio comercial de Vietnam, por delante de Japón y de China.

UN TRAUMA PARA VETERANOS Y VIETNAMITAS

Para los exsoldados estadounidenses que regresan de la guerra de Vietnam, este conflicto supone un choque psicológico del que les cuesta recuperarse. Ha sido un fuerte trance.

Durante la guerra, además de la aclimatación al clima tropical, sufren ataques que les mantienen en estado alerta en todo momento. Para pasar el tiempo, usan alcohol, cigarrillos y drogas. Como los soldados del Vietcong son presentados como enemigos hereditarios y sin escrúpulos, no dudan en acabar con sus vidas sin arrepentimiento, convirtiéndose en máquinas de matar. Las mujeres capturadas a menudo son violadas o reclutadas como prostitutas. Los cuerpos de los hombres también son duramente castigados: algunos sufren graves mutilaciones provocadas por las minas antipersona, mientras que otros sufren cáncer y otras enfermedades causadas por el uso masivo de defoliantes, como el agente naranja, altamente tóxico.

Todas estas condiciones dificultan gravemente la reinserción de los soldados estadounidenses de regreso a su patria. Los veteranos tienen en el recuerdo esta horrible guerra y, para muchos, es difícil olvidar las atrocidades perpetradas en nombre de una política de contención. La mayoría recibe ayuda psicológica, y algunos llegan a ser internados para poder ser controlados.

Aunque su costo financiero es enorme, el costo humano es aún mayor: casi 60 000 soldados estadounidenses mueren durante el conflicto.

Sin embargo, el pueblo survietnamita es el que se lleva la peor parte, con más de dos millones de civiles muertos y casi el mismo número de militares. Los niños no se salvan: entre 1961 y 1966, 250 000 resultan heridos y 10 000 son acogidos en orfanatos. Millones de ellos se reagrupan en campos de refugiados y muchos de ellos se convierten en vagabundos.

Hoy en día, el trauma de este conflicto sigue estando muy presente entre la población. Según las encuestas realizadas entre 1989 y 1997 sobre el impacto de la guerra en los niños vietnamitas, muchos jóvenes de entre 7 y 13 años sufren problemas psicológicos o conductuales como ansiedad, tics e incluso histeria relacionados con el hecho de que sus padres hayan participado en los combates.

Al igual que los veteranos estadounidenses, la población vietnamita se ve afectada por graves enfermedades causadas por los efectos nocivos de los defoliantes y el agente naranja descargados sobre el sur del país durante la guerra. Muchos niños nacen con deformaciones, y los cánceres se multiplican. Se estima que 4 800 000 personas son víctimas de este flagelo químico. Mientras que la mayoría de los soldados estadounidenses reciben una indemnización por parte de su país, las causas de las malformaciones y otros traumas que la guerra acarrea sobre la población vietnamita no son reconocidos por los Estados Unidos.

EN RESUMEN

- La Conferencia de Ginebra, que tiene lugar entre el 26 de abril y el 21 de julio de 1954, pone fin a la guerra de Indochina y se sirve del paralelo 17 para dividir provisionalmente a Vietnam en dos zonas con distintas Administraciones: Vietnam del Norte, comunista, y Vietnam del Sur, nacionalista y proestadounidense.

- En julio de 1956, Vietnam del Sur rechaza organizar las elecciones previstas por los Acuerdos de Ginebra con vistas a la reunificación del país. Empieza a manifestarse una oposición contra el régimen establecido.

- Los comunistas survietnamitas lanzan en febrero de 1959 una insurrección contra el régimen. Cuentan con el apoyo del Vietnam del Norte de Ho Chi Minh.

- El 20 de diciembre de 1960 se crea el Frente de Liberación Nacional de Vietnam del Sur (FLN), más conocido por sus enemigos como «Vietcong».

- El Congreso estadounidense vota la Resolución del Golfo de Tonkin el 7 de agosto de 1964, que permite al presidente Johnson involucrar al ejército de los Estados Unidos de forma masiva en el conflicto de Vietnam.

- Los Estados Unidos comienzan a bombardear Vietnam del Norte en febrero de 1965.
- Entre enero y febrero de 1968, el FLN lanza la ofensiva del Tet en todas las ciudades de Vietnam del Sur.
- Los Estados Unidos cesan los bombardeos sobre Vietnam del Norte el 31 de marzo de 1968, lo que permite negociar con Ho Chi Minh.
- El 27 de enero de 1973, los Acuerdos de París implican la retirada estadounidense de Vietnam.
- Vietnam del Sur capitula incondicionalmente el 30 de abril de 1975, tras la entrada de las tropas comunistas en Saigón.
- El 2 de julio de 1976, Vietnam se reunifica oficialmente y toma el nombre de República Socialista de Vietnam.

¡Tu opinión nos interesa!
*¡Deja un comentario en la página web de tu
librería en línea,
y comparte tus favoritos en las redes sociales!*

PARA IR MÁS ALLÁ

FUENTES BIBLIOGRÁFICAS

- Jacobs, Seth. 2006. *Cold War Mandarin: Ngo Dinh Diem and the Origins of America's War in Viêt-Nam, 1950–1963*. Lanham: Rowman & Littlefield.

- Journoud, Pierre. 2014. *La guerre du Viêt Nam 1964-1975*. París: Edition Perrin, colección *15 mn d'histoire*.

- Nguyen, Eric. 2006. *L'Asie géopolitique, de la colonisation à la conquête du monde*. París: Edition Studyrama, colección *Perspectives*.

- Portes, Jacques. 1993. *Les Américains et la guerre du Viêt Nam, Questions du XXème siècle*. Bruselas: Edition Complexe.

- Prados, John. 2015. *La Guerre du Viêt Nam*. París: Edition Perrin.

PELÍCULAS Y DOCUMENTALES

- *Imágenes desconocidas: La guerra de Vietnam.* Dirigido por Daniel Costelle e Isabelle Clarke. Francia: France 3 e INA Enterprise, 1997.

- *Guerra en Vietnam: Foco de las negociaciones*

secretas. Dirigido por Daniel Roussel. Francia: Arte, 2014.

- *La Guerre au Viêt Nam*. Dirigida por Edouard Sablier. Francia: 1964.

FUENTES ICONOGRÁFICAS

- Ho Chi Minh en 1921. La imagen reproducida está libre de derechos.

- Ho Chi Minh c. 1946. La imagen reproducida está libre de derechos.

- Jean-Baptiste Ngo Dinh Diem en 1957. La imagen reproducida está libre de derechos.

- Inmolación del monje budista Thich Quang Duc, en junio de 1963. © Malcolm Browne.

- Nguyen Van Thieu en 1967. La imagen reproducida está libre de derechos.

- Lyndon Baines Johnson en 1969. La imagen reproducida está libre de derechos.

- Bombardeo estadounidense contra una base del Vietcong al sur de Saigón, 1965. © U.S. National Archives and Records Administration.

- Un helicóptero expulsa defoliantes en el delta del Mekong, en Vietnam, en julio de 1969. © U.S. National Archives and Records Administration.

- Refugiados survietnamitas en abril de 1975. La imagen reproducida está libre de derechos.